Prix : 50 centimes.

MES CHANSONS

Recueil

DE CHANSONS FRANÇAISES

D'ÉMILE HORNEZ.

3e. Année.

1863.

*Je chante pour cette classe de bonnes gens
que l'intolérance ne domine pas.*

LILLE
IMPRIMERIE A. BÉHAGUE.

MES
CHANSONS.

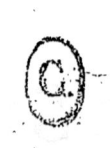

MES CHANSONS

Recueil

DE CHANSONS FRANÇAISES

D'ÉMILE HORNEZ.

 3e. Année. 1863.

Je chante pour cette classe de bonnes gens
que l'intolérance ne domine pas.

LILLE
IMPRIMERIE A. BÉHAGUE.

MES CHANSONS.

PRÉFACE (*)

A mon ami Henry FOLET.

Air des cinq Etages.

Courage ! m'as-tu dit. Eh bien,
Comme tu vois, je continue,
Avec ma gaîté pour tout bien,
La route aux bons vivants connue.
Aux portes des Rogers-Bontems
Je vais faire mes pirouettes,
Avec mes pipeaux, mes vingt ans,
Et mes divinités en *ettes*.

J'aime, moi, ces divinités,
Bonnes filles toujours à l'aise
Qui, pour étaler leurs beautés,
N'ont rien qu'un lit, rien qu'une chaise ;

(*) Le 14 décembre 1861, on lisait dans l'*Echo du Nord*, au sujet du deuxième Recueil de l'auteur, un article bibliographique, signé Henry Folet, dans lequel se trouvait cette phrase :

« Emile Hornez — il nous l'avait d'ailleurs bien prouvé l'année dernière — est un vrai chansonnier, d'une verve gauloise, fine et franche, à la foi espiègle et bon homme, aimant fort la gaudriole et chantant Lisette, Frisette, Jeannette et autres déités en *ettes*, à jupons courts et à petit bonnet blanc. »

(*Note de l'imprimeur*).

Une table de tems en tems,
Mais toujours des façons honnêtes,
Ah ! que n'a-t-on toujours vingt ans
Et des divinités en *ettes !*

Fanchette rêve des amours
Qu'une duchesse peut comprendre ;
Jeannette sautille toujours,
Et donne tout sans laisser prendre.
Rigolette, un jour de printems
Chiffonne au moins quatre cornettes ;
Follette grise nos vingt ans
Et nos divinités en *ettes.*

La bile du censeur, d'un jet,
Me fait, ni plus ni moins, un crime
D'écrire tel ou tel sujet
Où sonne telle ou telle rime.
Dis-moi, ses propos impotens
Lanceraient-ils tant de sornettes
Si le bonhomme avait vingt ans
Et des divinités en *ettes ?*

Tu ne sais pas encore tout :
J'ai d'elles plus d'un autographe,
Où l'esprit s'allie au bon goût
Bien plus qu'aux règles d'orthographe.
Leurs mots sont gros et bien portans,
Leurs phrases sont courtes et nettes...
Ah ! si Chapsal avait vingt ans
Et des divinités en *ettes !*

C'était à la fête des Rois.
Frisette ne sachant écrire,
Sur mon album fit une croix
Et tous les convives de rire !
Et les amours, à contre-tems,
Frappaient alors aux maisonnettes ;
Tous mes amis avaient vingt ans
Et des divinités en *ettes*.

Un jour, je serai vieux, cassé,
(Si le bon Dieu me laisse vivre)
Or, tout homme de son passé
Aimant à feuilleter le livre,
Pour charmer ses derniers instans,
Le vieux faiseur de chansonnettes
Se rappellera ses vingt ans
Et ses divinités en *ettes*.

MA PETITE CHAMBRE.

Air d'Octavie.

Que l'ouragan se déchaîne en décembre,
Qu'un ciel de plomb se courrouce en été;
Je vis heureux dans la petite chambre
Où le bon Dieu du pauvre m'a jeté.

Amis, venez, venez, je vous invite
Dans ma retraite où je vis en seigneur.
Venez la voir, elle est toute petite :
Il faut si peu pour loger le bonheur.

Sa porte est là. Souffres-tu, pauvre? arrête.
Entre. Chez moi chante l'eau du Jourdain.
Pardonne au temps sur mon humble couchette
Où sommeilla le bon Samaritain.

Ce que je suis? C'est peu de chose à dire :
Mélange heureux de doux et de malin,
Jean-Pierre à peine expirait sur sa lyre
Que j'héritais du titre de vilain.

Malgré cela l'on peut encor descendre,
Pour peu qu'on veuille apprécier mes droits:
De mes aïeux j'ai retrouvé la cendre
Au pied du trône où les rieurs sont rois.

Du champ des jeux entrevoyant l'idole,
De dix gamins un jour accompagné,
Fol ignorant j'ai délaissé l'école
Où plus d'un maître à ma fuite a gagné.

Vers tous les points de la machine ronde
Comme l'abeille aux fleurs va s'arrêtant,
Chaque matin je commençais ma ronde
Et m'endormais chaque soir plus content.

Depuis, ailleurs où brille la puissance,
Me chauffant seul, je dis, l'âme en émoi :
Egalité, tu flattes l'indigence,
Un seul soleil pour les grands et pour moi !

Petite chambre où la gaîté s'éveille
Quand l'ennui rôde autour des écussons,
Pour mon bonheur l'ange du bon Dieu veille
A t'embellir de fleurs et de chansons.

LE PORTRAIT DE MA MUSE.

Couplets à mon ami L. D. (ex-séminariste).

Air nouveau.

Qu'entends-je ? Ma muse impudique,
Tu n'y songes pas, franchement.
Crois-moi, ton long discours oblique
Ne disserte pas carrément.
Et puis, ton exorde banale
Avorte de mots superflus :
Ami, ma muse virginale
Dépeint les mœurs et rien de plus.

Ma muse au cœur plein de jeunesse
Offre en souriant sa rançon :
La chanson, voilà sa richesse,
Les amours, voilà sa chanson.

De mon sort folle avant-courrière
Ma muse naquit en sabots.
Oui, mais de cette roturière
Les petits pieds étaient si beaux,
Qu'un matin sentant son cœur battre
Au bruit des refrains d'ateliers,
Elle mit ses sabots en quatre
Pour avoir des petits souliers.

Ma muse au cœur plein de jeunesse
Offre en souriant sa rançon :
La chanson, voilà sa richesse,
Les amours, voilà sa chanson.

Depuis lors c'est la bonne fille
En bonnet simple, en jupons courts,
Au teint frais, à l'œil bleu qui brille,
Aux lèvres rieuses toujours.
C'est, si l'on veut, une grisette
Vivant d'amour et de gaîté ;
C'est Jeanne, Madelon, Frisette,
Franche et joyeuse trinité.

Ma muse au cœur plein de jeunesse
Offre en souriant sa rançon :
La chanson, voilà sa richesse,
Les amours, voilà sa chanson.

Elle aime trop le mot pour rire,
Soulignent tes vers mécontents.
Ma foi, si cet amour m'inspire,
Puisse-t-elle rire longtemps !
Si la nuit aimer est sa tâche,
Le jour, rire est si bien son lot,
Qu'à chaque aurore, ami, j'attache
A son col un nouveau grelot.

Ma muse au cœur plein de jeunesse
Offre en souriant sa rançon :
La chanson, voilà sa richesse,
Les amours, voilà sa chanson.

Ah! que ta peine m'est pénible !
Je te vois là, tout feuilletant,
Tour à tour, mon livre et ta bible,
Et ma muse en souffre; pourtant,
A dix ans, sa taille enfantine
S'allongeait sur un escabeau
Pour sourire au bon Lamartine,
Pour embrasser Victor Hugo (*).

Ma muse au cœur plein de jeunesse
Offre en souriant sa rançon :
La chanson, voilà sa richesse,
Les amours, voilà sa chanson.

En somme, si je ne m'abuse,
Toi, qui pouvais la juger mieux,
N'attends jamais de cette muse
Un long poème harmonieux.
 « A d'autres, dit-elle, ambroisie,
 » Nectar et phrases de savants :
 » L'on puise assez de poésie
 » A la source des bons vivants.

Ma muse au cœur plein de jeunesse
Offre en souriant sa rançon :
La chanson, voilà sa richesse ;
Les amours, voilà sa chanson.

(*) Ici l'auteur fait allusion à deux petits bustes de ces deux grands maîtres qu'il a chez lui.

LE REFRAIN DE L'AMOUR.

Air : Aïe ! aïe ! aïe ! (T. Desrousseaux).

D'une humeur vive et féconde,
L'amour, ce maître si doux,
Chante aux quatre coins du monde
Un gai refrain cher à tous.
On peut l'entendre d'ici,
Ce gai refrain le voici :
    Ton, ton, mirliton,
    Tontaine, ton ton.

A vous, princesse ou grisette,
A vous, noble ou gueux transi,
A tous l'amour fait risette,
Faites-lui risette aussi.
Ah ! que tout le genre humain
Chante en se donnant la main :
    Ton, ton, mirliton,
    Tontaine, ton ton.

Ton, *ton*, dit la jeune fille
Qui désire un tendre amant ;
Ton, *ton*, redit le bon drille
Guettant un minois charmant.
Bref, est-ce caprice ou goût ?
N'importe ! on entend partout :
    Ton, ton, mirliton,
    Tontaine, ton, ton.

Femmes, qui séchez nos larmes
Avec des moyens si doux,
Lorsqu'en dépit de vos charmes
Dorment vos pauvres époux,
Dites, n'entendez-vous pas
Votre âme chanter tout bas :

> Ton, ton, mirliton,
> Tontaine, ton, ton.

Quand tous les cœurs de la terre
Ennoblissent les appas,
L'eunuque seul doit se taire,
Etre nuisible ici-bas,
Tout eunuque ne peut rien
Que le contraire du bien.

> Ton, ton, mirliton,
> Tontaine, ton, ton.

Il est dit qu'un jour ta flamme
Doit s'éteindre, humanité ;
Que Dieu laisse à ta belle âme
D'égayer l'éternité.
Oui, bien loin des songes d'or,
Puisses-tu redire encor :

> Ton, ton, mirliton,
> Tontaine, ton ton.

LE PAPILLON.

Air nouveau.

Rigoriste, tiens moi rancune :
Aux champs d'amour j'aime semer ;
Que de beautés ! n'en aimer qu'une,
Ah ! mieux vaudrait ne pas aimer.

    Ne battez pas en retraite,
    Beaux petits lutins d'amours,
    Dans ma joyeuse chambrette
    Régnez en maîtres toujours.

J'aimai l'allure de Rosine,
Son époux me nomme cousin...
Mais, silence ! elle est ma voisine,
Et le bonhomme est mon voisin.

    Ne battez pas en retraite,
    Beaux petits lutins d'amours,
    Dans ma joyeuse chambrette
    Régnez en maîtres toujours.

Huit jours au moins m'aima Clymène.
Depuis, demoiselle d'honneur,
Elle fait dans un vieux domaine
Les délices d'un vieux seigneur.

Ne battez pas en retraite,
Beaux petits lutins d'amours.
Dans ma joyeuse chambrette
Régnez en maîtres toujours.

J'aimai Jeanne. La destinée
Lui montrant un autre chemin,
A Vénus elle s'est donnée
Pour le bonheur du genre humain.

Ne battez pas en retraite,
Beaux petits lutins d'amours,
Dans ma joyeuse chambrette
Régnez en maîtres toujours.

Epris des manières gaillardes
De Marton, je lui fais ma cour.
Maîtresse ensuite d'un cent-gardes,
Elle aime à cette heure un tambour.

Ne battez pas en retraite,
Beaux petits lutins d'amours.
Dans ma joyeuse chambrette
Régnez en maîtres toujours.

Arrive ensuite une Artémise,
Mais, prodigue de sa beauté,
La pauvre fille est sans chemise
Tant elle a fait la charité.

Ne battez pas en retraite,
Beaux petits lutins d'amours,

Dans ma joyeuse chambrette
Régnez en maîtres toujours.

Oublions la tendre Suzanne,
Qui, tout en jouant les vertus,
Me légua deux mois de tisanne
Sans compter plusieurs impromptus.

Ne battez pas en retraite,
Beaux petits lutins d'amours,
Dans ma joyeuse chambrette
Régnez en maîtres toujours.

Fanchette, ange de poésie,
Plane sur toutes désormais ;
Dieu veuille que la jalousie
Chez elle n'habite jamais !

Ne battez pas en retraite
Beaux petits lutins d'amours,
Dans ma joyeuse chambrette
Régnez en maîtres toujours.

PARIS!

Air du premier pas.

« Hors de Paris, point de salut ! le vide.
» Le vide seul ! prêchent certains écrits.
» Ah ! ne va pas, littérature avide,
» Lanterne en main chercher de grands esprits
    » Hors de Paris. »

« Hors de Paris, la gloire est peu commode :
» Souffrant, hélas ! de trois gros panaris,
» Cette pauvrette en un trou raccommode
» Ses bas troués, et croque des souris...
    » Hors de Paris. »

« Hors de Paris... » Mais, halte! la province
Se lève, marche à petits pas, sans cris,
Et son drapeau prouve à tel ou tel prince
Que le progrès puise ses favoris
    Hors de Paris.

Hors de Paris... Le diras-tu, ma plume ?
Que de géants la science a nourris !
Ah ! qu'un beau jour Paris devienne enclume,
Les bras de fer viendront tous des lambris
    Hors de Paris.

Paris n'est rien qu'un vieil anthropophage
Qui vit d'orgueil et de talents meurtris.
Lorsqu'en son sein le talent fait naufrage
La morgue s'ouvre et prend soin des débris.
   Voilà Paris.

En fin de compte, il est une balance
Qui pèse juste. Or, bien droits, rabougris,
Maigres, joufflus, du Caire au Port-de-France,
Bref, n'importe où, chaque homme vaut son prix
   Comme à Paris.

OU JE NE VAIS PAS.

Chanson dédiée à mon ami HENNEBELLE.

Air : Voilà ce que je ne sais pas (D. Besème).

Ami, vous me la donnez belle,
Et soyez content si, par goût,
Je dîne chez vous, Hennebelle,
Je n'en fais pas autant partout.
Ici je viens, c'est que le code
Du sans-gêne sert au repas;
Là-bas, l'étiquette est de mode,
Voilà pourquoi je n'y vais pas.

« Cours là-bas accrocher ta lyre,
» Veille à plaire, on t'applaudira.
» Là-bas la gloire apprend à lire,
M'ont dit Paul, Jacque, *et cœtera*.
Mais là-bas on perd la parole,
L'esprit s'endort, c'est que là-bas
L'intolérance a son école,
Voilà pourquoi je n'y vais pas.

Il est dans la blonde Lutèce
Un cercle de lettrés gandins,
Oiseaux dont les cris et l'espèce
Font peur aux chantres des jardins.

Ils ont la rage de médire,
Mais sur eux avez-vous le pas ?
Ces messieurs ne savent plus rire,
Voilà pourquoi je n'y vais pas.

Fanchette n'a rien en partage,
Rien qu'une robe et sa vertu.
Laïs a plus d'un équipage
Et plus d'un laquais bien vêtu.
Mais je compte, ami, chez Fanchette,
Moins de dépense et plus d'appas.
Laïs fait dorer sa couchette,
Voilà pourquoi je n'y vais pas.

Sur un tonneau de gais apôtres
S'en donnent : le plaisir est roi.
Ami, par contre, il en est d'autres,
Pauvres gens à plaindre, ma foi.
Nul de ces buveurs ne s'enivre
Sans prêcher famine ou trépas...
L'espoir d'un beau jour me fait vivre,
Voilà pourquoi je n'y vais pas.

L'IGNORANT.

Air : Non, mes amis, non, je ne veux rien être.
(BÉRANGER et l'ACADÉMIE).

J'avais huit ans; corps frêle, esprit folâtre,
Las de relire au coin du feu Boileau,
Pour ma grand'mère ayant attisé l'âtre,
Je m'en allais jouer au bord de l'eau.
Entre deux fleurs, là, j'oubliais le monde,
Et bien des fois, penché sur le courant,
Mon cœur a pu suivre une voix de l'onde
Qui lui disait : L'homme est bien ignorant.

Puis, m'endormant sous la brise d'automne,
Un mot, espoir de notre humanité,
A mon oreille arrive, pleure, tonne,
Je m'en souviens encore : Liberté !
Mon Dieu, faut-il que tout sol ait son Tibre!
Un bruit de fers me réveille en jurant.
Pauvre insensé, j'allais me croire libre,
Oh, n'est-ce pas ? j'étais bien ignorant !

Puis, de dépit, je crus à l'espérance,
Et je courus... Hélas ! depuis je sais
Que chaque jour le soleil de la France
Oublie encor plus d'un recoin français.
Lorsque jadis un ange à ma fenêtre
Venait suspendre un monde transparent,
Où l'âge d'or pour tous semblait renaître,
Oh! n'est-ce pas ? j'étais bien ignorant !

Puis, un matin, sentant dame Nature
Jeter en moi la rage de rimer ;
Je dis tout bas à la littérature :
M'aimeras-tu comme je sais aimer ?
J'avais cru voir au-dessus de sa porte
Briller ces mots : « On s'embrasse en entrant. »
Depuis... j'ai vu comment l'on s'y comporte.
Oh ! n'est-ce pas ? j'étais bien ignorant !

Puis, sachez-le, la femme, cette idole,
Ce pain du cœur, j'osai l'espérer... Moi !
Mais on m'a dit : Poète, sans obole,
Va ton chemin, point de baisers pour toi.
Oui, cœur naïf, je souriais au songe
Qui me berçait, quand un sphinx dévorant
Souffla ce mot dans mon âme : Mensonge !
Oh ! n'est-ce pas ? j'étais bien ignorant !

Puis... mais, au fait, dois-je traiter en maître
Le temps qui passe ? Est-il coupable, lui ?
Qui sait ? Demain rejailliront peut-être
D'autres erreurs que j'ignore aujourd'hui.
Las ! vienne l'heure où le voile humain tombe,
Calchas ricane, et l'homme, vieux, souffrant,
Murmure alors en méditant la tombe :
Qui l'aurait cru ? j'étais bien ignorant !

A M^{elles} FRISETTE, JEANNETTE ET Cie

Air du Ballet des Pierrots.

Oh! vous m'en promettez de belles,
Bonnes filles que j'aime tant !
Mais ne soyez pas trop cruelles :
Jamais je ne fus inconstant.
Toujours à vos pieds dès l'aurore,
De vos vœux j'ai suivi la loi.
De grâce, souriez encore,
Bonnes filles, pardonnez-moi.

Qu'ai-je vu? petite boudeuse,
Jeannette, pourquoi ce regard?
Ah! si ma voix fut hasardeuse,
N'y pensez plus : il est trop tard.
Qu'elle était tendre la fougère
Où votre cœur sautait d'émoi !
Que votre robe était légère,
O Jeannette, pardonnez-moi.

Calmez vos nerfs, tendre Frisette.
Si j'ai parlé de vos succès
C'est que ma plume un peu grisette
Se ressent de l'esprit français.
Lorsque votre lèvre mutine
En m'embrassant me disait : Toi,
J'aimais votre grâce enfantine,
O Frisette, pardonnez-moi.

Et vous, Follette? quels yeux ternes !
Que vois ? sous votre manteau,
Belle Judith des temps modernes,
Cachez-vous clou, glaive et marteau?
De nos combats d'amour, ô reine !
Vous disiez que j'étais le roi...
Dût mon sang inonder l'arène,
O Follette, pardonnez-moi.

Grands dieux! que le temple s'écroule!
Quoi, Rigollette, vous aussi ?
Dans votre burnous je m'enroule,
Frappez, cœur d'ange : me voici.
Vous souvient-il, ô Rigollette !
Du jour où, ne sachant pourquoi,
Vous m'aimiez plus que ma toilette.
Rigollette, pardonnez-moi.

Bonnes filles, je sais qu'à d'autres
Vous plaisez ; et faire autrement ?
Fût-il le plus gras des apôtres
C'est peu de chose un seul amant.
Aussi, beaux lutins que j'adore,
En vous je laisserai ma foi,
Revenez me tromper encore...
Bonnes filles, pardonnez-moi.

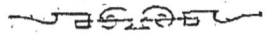

LE CHEMIN DE LA FORTUNE.

Air de l'Ecu de France

ou de Paillasse.

Emplir sa besace ici-bas,
 Rien n'est aussi facile ;
La fable le dit, n'est-ce pas ?
 C'est d'être un imbécile.
  Mais, vivre en melon
  Le temps paraît long
 Et la chose est commune ;
  Voyons donc comment
  Sans aucun tourment
 L'on vole à la fortune.

Homme sans aveu, suis le cours
 Qu'ouvre monsieur St-Ambre,
Ne crains pas de faire en deux jours
 Quinze heures d'antichambre.
  Et surtout bien bas
  Baise bien ses pas,
 Plutôt trente fois qu'une.
  Tu verras comment
  Sans aucun tourment
 L'on vole à la fortune.

Au diable bien plus qu'au bon Dieu
    Dire ses patenôtres ;
Prendre à pleines mains en tout lieu
    Son bien au bien des autres ;
        Puis, par une nuit,
        Faire à petit bruit
    Deux trois trous à la lune...
        Oui, voilà comment
        Sans aucun tourment
    L'on vole à la fortune.

Tu le sens, poète, chez toi
    Le feu sacré s'allume ;
Aux ogres de ce temps, crois-moi,
    Va-t-en vendre ta plume.
        Lâche ton ardeur...
        Tu rougis ?.. Pudeur !
    Le monde est sans rancune :
        Il sait trop comment
        Sans aucun tourment
    L'on vole à la fortune.

Pourquoi, jeune et frêle arbrisseau,
    Envier ce qui passe ?
Le monde n'est plus qu'un vaisseau
    Qui sombre dans l'espace.
        Et tiens, les voilà,
        Les fripons sont là,
    Fiers sur la grande hune,
        Nous montrant comment

Sans aucun tourment
L'on vole à la fortune.

Malgré les sourds, les impotens
Et la pluie et le givre,
L'on ne vit que de l'air du tems
Et dire qu'il faut vivre !
Plus heureux qu'un roi
Depuis hier, moi,
Je connais une brune,
Qui sait sans tourment
Me montrer comment
L'on rit de la fortune.

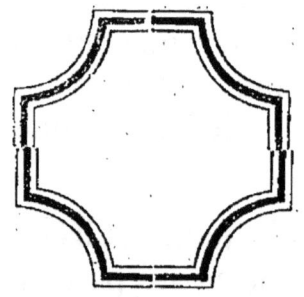

SUIVEZ LE MONDE !

Air du vieux fripier (T. Desrousseaux).

Amis, notre gaité falotte
Pour sa gouverne a su choisir
Le père Bontemps pour pilote
Et pour boussole le plaisir.
 Sous d'heureuses étoiles
 Amours, enflez nos voiles ;
 Vers l'astre des beaux jours,
 Amis, voguons toujours !

 Entrez, suivez le monde,
 Ici l'amitié fonde
 Le joyeux rendez-vous
 Des sages et des fous.

Savants, qui ne savez que faire
De l'esprit que vous n'avez pas,
Jugez pour vous la bonne affaire,
Chez nous l'ignorance a le pas.
 Sur la muraille grise,
 Notre chère devise
 Dit au nez du progrès :
 Beati pauperes...

 Entrez, suivez le monde,
 Ici l'amitié fonde
 Le joyeux rendez-vous
 Des sages et des fous.

Ah ! depuis le règne d'Auguste,
S'il est vrai que nous chantons faux ;
L'amour du bien chante plus juste.
Tout siècle a quelques bons défauts.
 Pauvres petits atômes,
 Nous valons certains hommes
 Auxquels nos vieux parents
 Donnent le nom de grands.

 Entrez, suivez le monde,
 Ici l'amitié fonde
 Le joyeux rendez-vous
 Des sages et des fous.

Entrez, compagnons de la plume,
Cerveaux bien ronds, pas trop lettrés ;
Entrez, compagnons de l'enclume,
Gosiers d'Hercule, entrez, entrez.
 Vous, que le rire escorte,
 Entrez où la cohorte
 Des faux dieux n'entre pas,
 Et vivent nos ébats !

 Entrez, suivez le monde,
 Ici l'amitié fonde
 Le joyeux rendez-vous
 Des sages et des fous.

Pourtant ce n'est pas tout de vivre
Entre gros rires et chansons,
La patrie est le meilleur livre
Où notre cœur prend ses leçons.

Ah ! que de l'Angleterre
S'élève un cri de guerre :
Hourra ! fusils au vent !
Sac au dos ! en avant !

Entrez, suivez le monde,
Ici l'amitié fonde
Le joyeux rendez-vous
Des sages et des fous.

Et si quelque jour ta frontière
Tremblait encor sous le canon,
Noble France, notre âme altière
Pourrait-elle s'oublier ?.. Non !
Vieux drapeau tricolore,
Pour te venger encore,
Au nom de tes succès
Nous sommes tous Français ?

Allons, suivons le monde,
Là-bas le canon gronde ;
C'est le vrai rendez-vous
Des sages et des fous !

LE BISCAÏEN.

Air nouveau.

Un jour, sur un champ de bataille
Alors que fusils et mitraille
Fauchaient les petits et les gros
Sans prendre garde aux numéros.
Un jeune enfant de la gamelle
D'un premier coup de feu blessé,
Demandait dans le pêle-mêle
Au soldat qui l'avait pansé :
Mon vieux, toi qui connais la guerre,
Dans ce chaos, dans ce tonnerre,
  Où va le biscaïen ?
  Dis-moi, le sais-tu bien ?

« Le biscaïen connaît sa tâche,
Murmure la vieille moustache ;
Laissons-le faire ; mieux que nous
Il sait où vont porter ses coups.
Une fois sorti de l'armée,
Libre dans l'air, sans coup de main,
Sous les hourras et la fumée,
Seul, il reconnaît son chemin.
Enfant, moi qui connais la guerre,
Dans ce chaos, dans ce tonnerre,
  Où va le biscaïen ?
  Crois-moi, je n'en sais rien. »

Le sergent m'a dit, mais j'en doute,
Que les biscaïens sur leur route,
Avant de semer le trépas,
A l'oreille se parlent bas :
« Moi, dit l'un, je vais chez un maître
» Qui met aux fers l'humanité ;
» Je cours, dit l'autre, chez un traître
» Dont le globe est trop infecté. »

Enfant, moi qui connais la guerre,
Dans ce chaos, dans ce tonnerre,
    Où va le biscaïen ?
    Crois-moi, je n'en sais rien.

« Moi, dit un troisième, je vole
» Chez un enfant blond dont raffole
» Une brune fille à l'œil bleu,
» Le voilà, je le tiens, morbleu ! »
Le méchant biscaïen approche...
Mais son essor est entravé :
En grinçant des dents il ricoche,
Et notre enfant blond est sauvé !

Enfant, moi qui connais la guerre,
Dans ce chaos, dans ce tonnerre,
    Où va le biscaïen ?
    Crois-moi, je n'en sais rien.

Un autre, ô peine trop amère !
Ravit un enfant à sa mère.
Pour elle qui n'avait que lui,
Plus rien que larmes aujourd'hui.

Un cinquième dans sa démence
Dit : Tout est fait pour succomber,
Que l'hymne guerrière commence,
Le roi des braves va tomber !

Enfant, moi qui connais la guerre,
Dans ce chaos, dans ce tonnerre,
    Où va le biscaïen?
    Crois-moi, je n'en sais rien.

Moi, je m'envais, dit un sixième,
Briser colback ou diadême ;
Bref, un autre qui ne dit rien,
Loge *ad patres* un gai chrétien.
Le sort joue aux dés sur la tombe,
L'on arrive au milieu du feu,
Survienne un mince éclat de bombe,
L'on part à la grâce de Dieu.

Enfant, moi qui connais la guerre,
Dans ce chaos, dans ce tonnerre,
    Où va le biscaïen ?
    Crois-moi, je n'en sais rien.

RIONS ! PUISQU'IL LE FAUT.

A l'adresse de quelques amis qui m'avaient fait un crime d'avoir écrit la chanson de l'*Ignorant*.

Air : Bonsoir, adieu, mes petits anges.

« Oh ! connu, beau masque, connu !
» Le sérieux ne te sied guère.
» Va, remettant ta cause à nu,
» Aux mots joufflus livrer la guerre. »
Voilà ce qu'un diable à dessein
Me souffle à l'oreille et m'inspire ;
Or, fût-on moine ou capucin,
Il faut parfois quand même en rire.

L'homme estime en toute saison
Les fleurs que l'allégresse sème.
Cà, mon gai lutin a raison,
Il faut, morbleu, rire quand même.
Laissant donc, libre de tout frein,
Ma folle plume écrire, écrire,
J'arrive encore à ce refrain :
Il faut parfois quand même en rire.

M'abandonnant au gré des vents,
J'aperçois le toit d'une amie
Dont l'époux est un des savants
Que prône haut l'Académie.

J'entre, et là, que vois-je ? un shako
Près de l'alcôve qui soupire !..
Dieux ! l'hymen est si rococo,
Qu'il faut parfois quand même en rire.

Détenteur du passe-partout
Qui mène au foyer littéraire,
J'entre où le sublime est de goût ;
On y disserte... mais qu'y faire ?
Ces beaux enfants d'Apollon, nés
Au son d'un luth ou d'une lyre,
Ont tous un si drôle de nez,
Qu'il faut parfois quand même en rire.

Auteur en herbe, tout petit,
Que jalouse dame critique,
Signale par ton appétit
Ta place au banquet poétique.
Crois-moi, dans ses propos en l'air,
Dignes du fouet de la satyre,
L'Aristarque voit si peu clair,
Qu'il faut parfois quand même en rire.

J'ai bien des fois poétisé
Le culte que suit le sauvage,
Dans le monde civilisé
Le droit d'homme sent l'esclavage.
Il est vrai que tout bon chrétien
Peut chez lui tout faire, tout dire,
Mais Figaro parle si bien...
Qu'il faut parfois quand même en rire.

Je connais dix gros commerçants
Et vingt maigres agents de change
Dont les lamentables accents
Donnent la fièvre au libre-échange.
Mais, dans leurs discours en plein vent,
(Toujours pour le bien de l'Empire)
Ces messieurs pleurent si souvent
Qu'il faut parfois quand même en rire.

Mon logement n'est pas brillant,
Oh ! je sais qu'il vous intéresse
Moins qu'un vieil Aï pétillant
Ou le chignon de ma maîtresse.
Fol insouciant du bon Dieu,
Mes créanciers peuvent le dire,
Mon actif me gêne si peu
Qu'il faut parfois quand même en rire.

CHACUN EN FERAIT TOUT AUTANT.

Chanson faite lors de ma réception comme Membre d'honneur de la Société orphéonique d'Arras (*Lyre artésienne*).

(13 mars 1862).

Air nouveau (D. Bésème).

Membre d'honneur d'une phalange
Comme la vôtre ? en vérité,
Par les ailes de mon bon ange !
J'en sens tressaillir ma gaîté.
C'est là toute une apothéose
Qu'on m'élève tambour-battant,
Et, qu'ai-je fait ? Rien... peu de chose :
Chacun pouvait en faire autant.

J'aime à chanter pour l'indigence :
Vous l'aidiez tous, or, j'ai chanté.
On sait où loge la souffrance
Quand on connaît la pauvreté.
Des bons cœurs je suivais la route,
Et, tout bas, moi-même en chantant,
Je disais : le pauvre m'écoute ;
Chacun en aurait dit autant.

Rappelant à l'ordre d'un geste
Madelon, Flore et Jeanneton,
Ma muse à l'œil vif, au pied leste,
— Chez les rieurs, le croira-t-on ? —
Pour une cause aussi touchante
Oublia de rire un instant :
« Prends ton luth, me dit-elle, et chante. »
Chacun en aurait fait autant.

Oui, fuyant un peu la tonnelle
D'où s'élève un accord parfait,
Ma muse a secoué son aile
Sur le bien que vous aviez fait.
Chez des hommes comme les vôtres,
Qui calment la peine en chantant,
Ma muse voit de bons apôtres ;
Chacun en verrait tout autant.

Tout-à-l'heure cette compagne
Qui me lutine jours et nuits,
Rêvant sans doute de Cocagne,
M'embrasse en souriant, et puis
Elle vole en habits de fête
Je ne sais où, mais en partant
Elle écrit sur ma chanson faite :
Chacun en ferait tout autant.

UN BEAU DÉSORDRE.

Ma chambre est une mosaïque
Reflet de ce vaste univers.
On y trouve de la musique,
Des notes à payer, des vers,
Des sifflets, des lambeaux d'affiches,
Des bouts de londress massacrés,
Des nez, des bouches, des potiches,
Des cure-dents morts ignorés.
Un os taillé dans quelque échine
Touche deux éventails chinois
Comme n'en fit jamais la Chine.
Un squelette de chien danois
Se carre au-dessus de la porte
Sous un moine pris au licou
Par un vieux diable qui l'emporte...
    Je ne sais où.

La Méduse peut être fière :
Un débris de son cabestan
Etale chez moi sa poussière
Sur un tapis de l'Indoustan.
Une pantoufle, une tortue,
Un portrait du pape Léon
Bâillent au pied de la statue
Du Czar... ou de Napoléon,

Je ne sais. — Des gants se prélassent
Près d'un chapeau Richard sans fond ;
Mille roseaux frais s'entrelacent
En voltigeant vers le plafond.
Tenez, par la fenêtre ouverte
On les voit — ô flagrant délit ! —
Ils traînent leur écume verte
Sur les rideaux blancs de mon lit.

. . . .

On trouve encore dans ma retraite
Des pipes frisant le bon goût.
On y voit des têtes sans bout,
On y foule des bouts sans tête.
Mais, attendez, ce n'est pas tout.
Il en est d'autres, je m'en pique,
Dont le contour est si bien fait
Qui ne manqueraient pas d'effet
Sous le soleil asiatique.
D'abord c'est un vieux calumet,
Sous tous les points digne d'étude,
Reposant son col en plumet
Sur l'occiput d'un François Rude ;
Vient un Jacob ; à son côté
Un Garibaldi culotté
Depuis le nez jusqu'à la gorge,
Sourit encore à la postérité.

. . . .

Ne croyez pas qu'ici je forge
Des mensonges pour le devoir
De rimer. Fi donc! l'on peut voir
Quand je prends la rime au passage,
La raison, cette fille sage,
Limant mon esprit indompté
Sur l'étau de la vérité.

Dans ce désordre que j'honore
Quelquefois sort de sa prison
Un éclat de rire sonore
Qui met en émoi la maison.
D'où vient-il? dit un locataire,
D'en haut? d'en bas?..— Chut! entre nous,
Je vous en dirai le mystère :
J'embrasse Fanchette à genoux.

Oui, parfois, un cœur de grisette
En souriant s'en vient s'asseoir
Sur un ruban, qu'une musette
Oublia sur ma chaise un soir.

AUX GRECS.

Air : J'arrive à pied de province.

Mon Dieu ! quels cris, quel orage !
 Et cela pour rien.
Bons Grecs, voyons, du courage,
 Entendons-nous bien.
Quel tracas vous environne !
 Vous cherchez un roi ?
Moi, je cherche une couronne :
 Bons Grecs, prenez-moi.

Notre Béarnais fit mettre
 Une poule au pot.
J'en mettrai deux, en bon maître,
 Sans parler d'impôt.
Je serai grand, équitable,
 Et souvent, ma foi !
Je ferai mon somme à table...
 Bons Grecs, prenez-moi.

Je sais qu'il court sur mon compte
 Des faits hazardeux.
L'on dit que chez duc ou comte
 Je bois comme deux.
Pour vous devrai-je en rabattre
Si, d'après ma loi,

Vous mangerez comme quatre ?
Bons Grecs, prenez-moi.

Loin de songer à vous nuire
Bon peuple, tenez,
Je me laisserai conduire
Par le bout du nez.
Enfin, si j'ose prétendre
Au titre de roi,
C'est... qu'un autre peut le prendre.
Bons Grecs, prenez-moi.

TABLE.

	PAGES.
Préface	5
Ma petite Chambre	8
Le Portrait de ma muse	10
Le Refrain de l'Amour	13
Le Papillon	15
Paris	18
Où je ne vais pas	20
L'Ignorant	22
A Mlles. Frisette, Jeannette et Cie.	24
Le Chemin de la Fortune	26
Suivez le monde	29
Le Biscaïen	32
Rions ! puisqu'il le faut.	35
Chacun en ferait tout autant.	38
Un beau Désordre	40
Aux Grecs	43

www.ingramcontent.com/pod-product-compliance
Lightning Source LLC
Chambersburg PA
CBHW070704050426
42451CB00008B/492